Philippe Garguil

D1721369

LES OISEAUX DES PYRENEES

SUD OUEST

De l'Atlantique à la Méditerranée, les Pyrénées s'allongent sur quelques 400 km formant une barrière de 100 à 150 km de largeur très difficilement franchissable.

En raison de leur situation géographique, les Pyrénées constituent pourtant un passage quasi obligatoire pour des millions d'oiseaux migrateurs habitant l'Europe du nord et de l'ouest.

Au moment des migrations, Rapaces, Passereaux, Pigeons, Cigognes, Grues et autres déferlent en un cortège prodigieux sur de nombreux cols pyrénéens de la fin juillet à la fin novembre. L'obstacle n'est pas toujours aisé à franchir à cause des conditions climatiques (météo, direction des vents), mais les facultés voilières des migrateurs sont si grandes qu'elles leur permettent de passer au-dessus des sommets de la chaîne situés à plus de 2500 mètres d'altitude.

Une association «Orgambideska Col libre» étudie les migrations sur l'ensemble des Pyrénées. Grâce à elle, nous connaissons maintenant les dates les plus intéressantes pour voir passer le «gros des troupes» de telle ou telle espèce (souvent des milliers d'individus).

Quelques exemples :
Milans noirs : 5 août au 12 août.
Bondrées apivores : 26 août au 2 septembre.
Milans royaux : 30 sept. au 4 octobre.
Pigeons ramiers : 17 oct. au 4 novembre.
Grues cendrées : début novembre...

Par ailleurs la diversité de la végétation (méditérranéenne à l'est, prédominance d'arbres à feuilles caduques à l'ouest, conifères sur les hauteurs) et des différents étages alpins entre 1000 et 3000 mètres, font que les Pyrénées accueillent, pour la nidification, de très nombreux oiseaux.

Dans cet ouvrage, nous avons choisi de vous faire découvrir la plupart de ces espèces, parfois très rares, qui se reproduisent dans les Pyrénées et qui, pour bon nombre d'entre elles, sont inféodées au milieu montagnard.

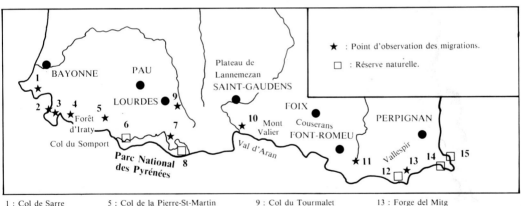

★ : Point d'observation des migrations.

□ : Réserve naturelle.

1 : Col de Sarre
2 : Col des Aludes
3 : Col de Roncevaux
4 : Col d'Orgambideska
5 : Col de la Pierre-St-Martin
6 : Réserve Naturelle d'Ossau
7 : Cirque de Gavarnie
8 : Réserve Naturelle du Néouvielle
9 : Col du Tourmalet
10 : Col d'Artigascou
11 : Eyne
12 : Réserve Naturelle Prats de Mollo
13 : Forge del Mitg
14 : Réserve Naturelle La Massne
15 : Réserve Naturelle Cerbère-Banuyls

Vue sur la châine des Pyrénées depuis le Pays-Basque.
Pigeons ramiers en migration.

LE PERCNOPTERE D'EGYPTE
(Neophron percnopterus)

Longueur : 65 cm ; Poids : 2 kg ;
Envergure : 147 cm.

Le Percnoptère d'Egypte est un petit vautour qui niche encore, mais demeure très rare, dans les Pyrénées Centrales et Occidentales ainsi que dans le sud-est de notre pays.

Le Percnoptère est un oiseau migrateur ; il revient de ses quartiers d'hiver au mois de mars. C'est alors que commence la restauration ou la recherche du site de nidification.

LE VAUTOUR FAUVE
(Gyps fulvus)

Longueur : 95 - 110 cm ; Poids : 7 - 8 kg ;
Envergure : 275 cm.

Il y a environ un siècle, le Vautour fauve habitait encore les Alpes, le Massif central et toutes les Pyrénées. Son aire de répartition actuelle se limite, pour notre pays, à la moitié occidentale des Pyrénées, où une cinquantaine de couples seulement subsistent, et aux Cévennes où il est revenu depuis peu grâce au dynamisme et à la ténacité du Fonds d'Intervention pour les Rapaces qui l'y a réintroduit.

Lorsqu'un animal mort est découvert, les

LE GYPAETE BARBU
(Gypaetus barbatus)

Longueur : 105-130 cm ; Poids : 6-7 kg ;
Envergure : 260 cm.

En France, le Gypaète barbu est en voie de disparition et n'habite plus qu'une partie des Pyrénées centrales et occidentales et la Corse. Les effectifs sont estimés à une quinzaine de couples tout au plus.

Ce grand oiseau, que l'on classe dans la famille des vautours, a pour habitude d'emporter dans les airs et de laisser choir sur

L'aire est construite en général à grande hauteur, le long d'une paroi rocheuse, dans une cavité naturelle ou sur une corniche abritée des intempéries.

Nourriture : cadavres de toutes sortes qu'il dépèce et nettoie jusqu'aux os. A l'occasion, excréments et débris végétaux. Parfois il pille les nids d'autres oiseaux.

Nidification : Ponte vers la fin mars de 2 œufs couvés par le couple pendant six semaines. Les jeunes s'envolent à l'âge de deux mois et demi environ.

Vautours fauves ne se précipitent pas dessus à l'instant. Selon les circonstances ils mettent des jours, voire des semaines avant d'y toucher. Lorsqu'ils s'en sont approchés, les individus les plus affamés affirment leur domination par des parades d'intimidation, ils seront les premiers à manger. Une fois repus, ils seront moins agressifs et devront céder la place à leurs congénères.

Nourriture : essentiellement nécrophage (cadavres de toutes sortes).

Nidification : niche en colonie sur des corniches ou dans des crevasses de falaises abruptes. Nid volumineux. Ponte, en février, d'un œuf blanc couvé par les deux sexes pendant 2 mois. Séjour des jeunes au nid : 4 mois environ.

les rochers les os qu'il ne peut ingurgiter entiers, afin qu'ils se fracassent. Les os ainsi brisés, la moelle et les fragments sont alors facilement avalés.

Nourriture : cadavres et os, petits animaux terrestres capturés vivants.

Nidification : nid construit à haute altitude (1000 à 2000 mètres) sur une falaise abrupte, souvent protégé par un surplomb. Ponte en janvier-février, de un à deux œufs couvés par la femelle pendant 8 semaines. Séjour des jeunes au nid : plus de 3 mois.

Percnoptère d'Egypte (en haut). Vautours fauves (en bas).

L'AIGLE ROYAL
(Aquila chrisaetos)

Longueur : 75-85 cm ; Poids : 3-6 kg ;
Envergure : 200 cm.

Symbole de puissance et d'adresse, l'Aigle Royal a longtemps suscité un grand respect chez l'homme. Son vol majestueux et ses attaques fulgurantes ont toujours été un sujet d'émerveillement pour les ornithologues et les amoureux de la nature. Cependant, avec l'apparition du mot «nuisible» commença pour lui (comme pour les autres prédateurs) une longue et injuste persécution... Heureusement comme tous les rapaces, il est aujourd'hui protégé. Il a été démontré que l'Aigle Royal ne pouvait enlever dans les airs des proies excédant son propre poids (3 à 6 kg) ; comment accorder un quelconque crédit à des affirmations selon lesquelles cet oiseau soulèverait des moutons ou des veaux ?

En France, l'Aigle Royal se reproduit dans les Alpes, les Pyrénées et le sud du Massif central. Ses effectifs français, en constante régression, sont estimés à une centaine de couples.

Nourriture : gallinacés, lièvres, marmottes, écureuils, hérissons, tortues, lézards...

Nidification : nid installé sur des corniches inaccessibles en montagne. Ponte, en mars, de 2 œufs rugueux, blanchâtres, couvés en grande partie par la femelle pendant six semaines. Séjour des jeunes au nid : 3 mois environ.

LE CIRCAETE JEAN-LE-BLANC
(Circaëtus gallicus)

Longeur : 67 cm ; Poids : 2 kg ;
Envergure : 170 cm.

On ne peut plus spécialisé, le Circaète Jean-le-Blanc se nourrit essentiellement de reptiles, surtout des couleuvres, mais aussi des vipères et des lézards. De gros yeux placés sur le devant de la tête, rappelant ceux des Hiboux, lui permettent, à faible hauteur, de scruter les sols afin de localiser des proies éventuelles. Lorsqu'il aperçoit un reptile, il se laisse tomber sur celui-ci par palliers ou bien d'une seule traite (d'une hauteur en vol de 15 à 50 m). La victime, saisie à la tête et au corps par les serres, est tuée à coups de bec avant d'être avalée, tête la première.

Les serpents venimeux ne l'effraient pas, mais il ne semble pas immunisé contre leur venin. Le Circaète niche régulièrement dans les Pyrénées, rarement à plus de 700 mètres d'altitude.

Nidification : nid construit au sommet d'un arbre. Ponte à la fin d'avril d'un seul gros œuf blanc couvé en grande partie par la femelle pendant 45 jours. Le jeune Circaète prend son essor à l'âge de 10 à 11 semaines.

L'AIGLE DE BONELLI
(Hieraaëtus fasciatus)

Longueur : 65-72 cm ; Poids : 1,5-2 kg ;
Envergure : 160 cm.

L'Aigle de Bonelli est un rapace très rare et très localisé dans notre pays (à peine une cinquantaine de couples). Il est sédentaire et habite les paysages accidentés de la région méditerranéenne qui peuvent lui fournir de nombreux sites de nidification. L'Aigle de Bonelli est très rare dans les Pyrénées et semble se cantonner dans la partie orientale de la chaîne.

Nourriture : autrefois surtout composée de lapins de garenne ; malheureusement, l'apparition de la myxomatose l'obligea à changer quelque peu ses habitudes. Maintenant, l'Aigle de Bonelli capture toujours des lapins, mais en moindre quantité, des perdrix rouges, des choucas, des lièvres, des rats, des écureuils, des chats...

Nidification : aire située en général sur une corniche, protégée d'un surplomb, le long

---

Gypaète barbu adulte posé et en vol (en haut). Aigle royal sur sa proie et en vol (en bas).

d'une paroi rocheuse abrupte. Ponte, en février-mars, de 1 à 2 œufs couvés par la femelle pendant 5 à 6/7 semaines. Séjour des jeunes au nid : 65 jours environ.

L'AIGLE BOTTE
(Hieraaëtus pennatus)

Longueur : 50 cm ; Poids : 800 g ; Envergure : 120 cm.

L'Aigle botté est un oiseau méridional qui nous rend visite en été et qui se reproduit dans les grandes régions boisées de l'est, du centre et du sud-ouest de la France. Il se reproduit dans la majeure partie des Pyrénées.

L'Aigle botté n'est pas facile à identifier à cause de plusieurs raisons. D'abord, sa petite taille ne le différencie guère de la Buse, de la Bondrée ou des Milans. Ensuite, il existe deux colorations tout à fait différentes de plumage. C'est tantôt un oiseau très contrasté, brun dessus, crème dessous (cf. photo de Pierre PETIT) ; tantôt un oiseau très sombre mais toujours avec la queue claire. Un bon critère de détermination est sa queue droite assez longue et carrée, sans rayures obliques.

Nourriture : petits mammifères (rongeurs, petits carnivores), oisaux, reptiles, insectes, etc...

Nidification : nid construit sur une branche latérale d'un grand arbre, souvent parmi le lierre. Ponte début mai de 1 ou 2 œufs couvés par la femelle pendant 5 semaines. Les jeunes volent à l'âge de 2 mois environ.

LE MILAN ROYAL
(Milvus milvus)

Longueur : 63 cm ; Poids : 1 kg ; Envergure : 150 cm.

Excellent voilier, le Milan royal semble parfaitement maîtriser les airs. Profitant des courants aériens, les ailes fortement courbées, la queue très échancrée servant de gouvernail, il parcourt inlassablement son territoire. Plutôt mauvais chasseur, il a tendance à parasiter d'autes rapaces auxquels il dérobe des proies. Dans les Pyrénées il précède souvent les Vautours sur les cadavres.

Espèce relativement rare, en diminution et essentiellement européenne, le Milan Royal est en partie sédentaire, certains individus pourtant hivernent de l'Europe méditerranéenne à l'Afrique du nord. Il se reproduit principalement dans l'ouest des Pyrénées, à faible altitude (150 - 800 m).

Nourriture ; campagnols, lapins, batraciens, reptiles, insectes, oiseaux, charognes...

Nidification : En avril, la femelle dépose 2 à 3 œufs sur un nid garni avec toutes sortes de détritus : papiers, plastiques, mousse, chiffons... Il est installé le plus souvent dans la haute fourche d'un grand arbre. L'incubation dure 30 à 35 jours, et les oisillons, nourris par les 2 parents ne deviennent indépendants qu'à l'âge de 9 à 10 semaines.

LE MILAN NOIR
(Milvus migrans)

Longueur : 50 cm ; Poids : 800 g ; Envergure : 117 cm.

Le Milan noir se distingue de son proche cousin par la queue moins fourchue et le plumage plus sombre ; en vol, le dessous de ses ailes est uniformément brun tandis que chez le Royal une zone très claire est remarquable à la base des grandes rémiges.

A l'inverse de beaucoup d'autres Rapaces, le Milan noir voit ses populations s'accroître, il sait s'adapter aux régions peuplées et profite sans vergogne de toutes sortes de déchets accumulés par l'homme. Oiseau migrateur, le Milan noir arrive en France fin février, début mars. Il est très commun dans les Pyrénées ou sa population est estimée à 400 ou 600

Circaète Jean-le-Blanc avalant un serpent et au nid (en haut). Aigle de Bonelli (en bas à gauche). Aigle botté en phase claire (en bas à droite).

couples. Il niche en forêt en colonie assez dispersées.

Nourriture : rongeurs, œufs et oisillons,

LE FAUCON PELERIN
(Falco peregrinus)

Longueur : 40-50 cm ; Poids : 0,6-1 kg ; Envergure : 100 cm.

Champion de chasse au vol, le Faucon pèlerin est sans aucun doute le plus rapide de tous les rapaces. L'on peut affirmer aussi que nul animal sur notre planète n'est capable d'égaler ou de dépasser les vitesses de pointe que cet oiseau peut atteindre en piqué, lorsqu'il poursuit une proie. Quelquefois, c'est à plus de 250 km/h que le Faucon pèlerin fonce sur celle-ci...

LE LAGOPEDE ALPIN
(Lagopus mutus)

Longueur ; 36-41 cm ; Poids : 350-500 g ; Envergure : 60 cm.

Le Lagopède alpin est l'un des rares oiseaux parfaitement adapté au froid. Il a, pour cela, développé un plumage des plus fournis des narines jusqu'au bout des doigts. Mais si un habit chaud est indispensable l'hiver pour survivre en haute montagne entre 2000 et 3000 mètres, il faut aussi se nourrir... Il a résolu le problème en supportant une alimentation à base de matières ligneuses, indigestes pour tout autre oiseau (aiguilles de conifères, herbes sèches, mousses, lichens, ramilles d'arbustes)...

LE GRAND TETRAS
(Tetrao urogallus)

Longueur : 65-110 cm ; Poids : 2,5-6 kg ; Envergure 118-132 cm.

Le Grand Tétras, le plus gros des Gallinacés d'Europe, affectionne exclusivement les

reptiles, insectes, charognes, etc...

Nidification : cf. Milan royal.

Autrefois, cet oiseau était abondant en France mais il y est devenu très rare (chasse, pesticides...). Aussi, les aires des quelques couples qui nichent çà et là sur différentes parois rocheuses sont-elles surveillées sans relâche par le Fonds d'Intervention pour les Rapaces.

Nourriture : toutes sortes d'oiseaux (surtout des Corvidés et des pigeons).

Nidification : niche à même le sol sur des corniches ou dans de petites crevasses de falaises abruptes. Ponte, en avril, de 3 à 4 œufs couvés par la femelle pendant 4 semaines. Séjour des jeunes au nid ; 4 à 5 semaines.

Autre adaptation spectaculaire : en hiver, mâle et femelle revêtent une livrée blanche qui les rend très mimétiques dans leur environnement immaculé. Le Lagopède alpin est sédentaire. En France, il habite les Alpes et les Pyrénées.

Nourriture : bourgeons, baies et fruits de la végétation basse alpine ; mollusques, insectes et araignées à l'occasion.

Nidification : cuvette grattée dans le sol à l'abri d'un rocher, aménagée avec quelques plumes et de la mousse. Ponte, en juin, de 6 à 8 œufs couvés par la femelle pendant 24 jours. Poussins nidifuges ; volent dès l'âge de 10 jours mais n'ont la taille adulte qu'à 2 mois environ.

forêts de conifères qui lui assurent le gîte et le couvert toute l'année, et en particulier en hiver.

En France, sédentaire, il habite la moyenne montagne (700 à 2000 m) dans les Pyrénées, les Alpes, le Jura et les Vosges ; mais il est en voie de disparition à cause de la chasse et

Milan royal (en haut à gauche). Milan noir (en haut à droite). Faucon pèlerin au nid (en bas à gauche). Lagopède alpin femelle en hiver (en bas à droite).

des dérangements causés par les exploitations forestières et le tourisme, il devrait être intégralement protégé.

C'est au petit matin, d'avril à mai, que les coqs de Grands Tétras paradent et s'affrontent parfois, dans une clairière, afin d'attirer les femelles... Après l'accouplement, les femelles s'isolent pour nicher...

Nourriture : au printemps, pousses, fruits et baies divers ; insectes, araignées, mollus-ques... En hiver, aiguilles et bourgeons de conifères, ramilles, lichens...

Nidification : la femelle gratte une cuvette dans le sol, sous un sapin ou un rocher, qu'elle garnit d'herbes sèches et d'aiguilles de conifères. Ponte, fin avril début mais, de 6 à 9 œufs couvés pendant 4 semaines. Poussins nidifuges, volent à 10 jours, taille adulte à 2 mois environ.

LE CHEVALIER GUIGNETTE
(Cringa hypoleucos)

Longueur : 19 cm ; Poids : 55 g ; Envergure : 33 cm.

Un sifflement aigu et clair, *tidididi*, annonce l'arrivée du gracieux Chevalier guignette. De son vol direct, au ras de l'eau, il se pose à 4 mètres de mon affût.

Très vif, hochant sans cesse la queue, il est difficile à photographier. Gros comme une alouette, avec de courtes pattes pour un limicole, le Chevalier guignette est un oiseau vif, toujours en mouvement. On le rencontre principalement le long des cours d'eau où il recherche sa nourriture en limite de l'eau, picorant çà et là entre les cailloux, sur le limon humide ou les graviers...

Pour nicher, le Chevalier guignette affec-tionne les cours d'eau à crues périodiques offrant des îles et des bancs d'alluvions (jusqu'à 1500 m dans les Alpes). En France, il niche très sporadiquement en Alsace, Franche-Comté, Jura, Alpes, Massif Central, bassin de la Loire et ouest des Pyrénées. Il passe l'hiver en Afrique, parfois jusqu'au Cap.

Nourriture : à base d'insectes aquatiques ou terrestres, mollusques, vers, à l'occasion têtards et quelques végétaux.

Nidification : nid installé à terre, dans la végétation. Ponte en mai-juin de 4 œufs piriformes grisâtres maculés de rouge-brun. Incubation surtout assurée par le mâle pendant trois semaines. Les poussins sont nidifuges ; élevés par le couple, ils volent à 3 à 4 semaines.

LA CHOUETTE DE TENGMALM
(Aegolieus funereus)

Longueur : 25-27 cm ; Poids : 120-190 g ; Envergure ; 60 cm.

La Chouette de Tengmalm qui doit son nom au naturaliste suédois qui la décrivit pour la première fois en 1783 est une espèce boréale affectionnant particulièrement les profondes et froides forêts de conifères de l'Europe septentrionale, de l'Asie et de l'Amérique du Nord. Elle s'accommode aussi des régions montagneuses boisées d'Europe centrale. En France, on la rencontre dans les Vosges, le Jura, les Alpes, les Pyrénées centrales et orientales, ainsi que sur les plateaux calcaires boisés de Bourgogne. Ses effectifs sont évalués à quelques centaines de couples pour notre pays, aussi est-il difficile de l'observer.

Nourriture : micro-mammifères (campagnols, mulots, musaraignes) et petits oiseaux sylvicoles à l'occasion.

Nidification : dans un ancien trou de pic, surtout ceux du pic noir, plus rarement dans des cavités naturelles d'arbre. Ponte, en mars-avril, de 4 à 10 œufs (selon que les proies abondent ou non) couvés par la femelle pendant 5 semaines environ. Séjour des jeunes au nid : 1 mois.

Grand tétras mâle paradant (en haut). Chevalier guignette (en bas).

CHETAIL. I. 90

LE HIBOU GRAND-DUC
(Bubo bubo)

Longueur : 65-70 cm ; Poids : 2-3 kg ;
Envergure : 155-180 cm.

En France, à cause des persécutions dont il a longtemps été victime, le Hibou grand-duc a dû se retirer en des lieux inaccessibles et inhospitaliers. On ne le trouve plus maintenant qu'en montagne, dans les Alpes, les Pyrénées et le Massif central où une centaine de couples seulement subsistent.
Le Hibou grand-duc est sédentaire, il défend un territoire très vaste, environ 2 à 8 km autour de l'aire, et ses déplacements nocturnes à la recherche de nourriture le mènent parfois à 15 ou 20 km de son lieu de départ.

Nourriture : oiseaux (jusqu'au Grand Tétras), mammifères (du petit rongeur au renardeau ou au chat !), batraciens, poissons...

Nidification ; ponte de 2 à 4 œufs blanc ternes à même le sol, sur une corniche rocheuse souvent abritée d'un surplomb, ou dans une crevasse le long d'une haute falaise. Incubation assurée par la femelle pendant 5 semaines. Séjour des jeunes au nid ; deux mois et demi.

LE PIC A DOS BLANC
(Dendrocopos leucotos)

Longueur : 25 cm ; Poids : 100 g ;
Envergure : 44 cm.

C'est dans les vieilles forêts à évolution naturelle des Pyrénées, entre 700 et 2000 mètres, que l'on aura peut-être le privilège d'observer le très rare Pic à dos blanc. Il y affectionne les bois pourris et les troncs morts sur pied où il recherche sa nourriture et où il peut creuser son nid sans trop d'efforts. On ne le rencontre nulle part ailleurs en France.

En raison de ses exigences écologiques très particulières, le Pic à dos blanc ne trouve maintenant refuge que dans les forêts inaccessibles et donc peu exploitées, riches en vieux arbres et bois morts, situées sur des versants à forte pente exposés le plus souvent aux intempéries.

Nourriture : principalement coléoptères et leurs larves, ainsi que d'autres insectes.

Nidification : nid creusé dans un arbre mort. Ponte fin avril et en mai. Nous ne disposons que de peu de renseignements sur le déroulement de la reproduction de l'espèce.

LE PIC NOIR
(Dryocopus martius)

Longueur : 47 cm ; Poids : 280 g ;
Envergure : 73 cm.

Dans la sapinière située à 1500 mètres d'altitude retentissent d'étranges et brefs tambourinages pouvant être comparés à des rafales de mitraillette. Ce sont les manifestations territoriales du géant des pics européens : le Pic noir. Ici, dans les Pyrénées, il préfère les sapinières aux hêtraies, et les trous qu'il creuse dans les arbres pour installer son nid sont à la mesure de sa taille et de sa puissance (10 cm de diamètre).

Nourriture : larves de coléoptères qu'il recherche dans les troncs d'arbres pourrissants ; cependant, il marque une nette prédilection pour les fourmilières, parsemant son vaste territoire d'une centaine d'hectares et plus.

Nidification : nid creusé en 2 ou 3 semaines par le mâle et la femelle dans un grand arbre, entre 10 et 20 m de hauteur ; ponte, en mai, de 4 œufs blanc luisant, couvés seulement une douzaine de jours par le couple. Les jeunes quittent le nid à l'âge de 27 jours. Les cavités creusées par le Pic noir servent d'habitations à bon nombre d'oiseaux cavernicoles : chouette hulotte, de Tengmalm, Pigeon colombin, Sitelle, etc...

Chouette de Tengmalm (en haut). Hibou grand-duc (en bas à gauche). Pic à dos blanc (en bas à droite).

LE MARTINET ALPIN
(ou Martinet à ventre blanc)
(Apus melba)

Longueur : 22 cm ; Poids : 100 g ;
Envergure : 55 cm.

Plus méditerranéen que montagnard, le Martinet alpin est surtout présent dans les Pyrénées centrales et orientales où il demeure tout de même assez rare. Il affectionne les grands escarpements rocheux riches en fissures susceptibles d'accueillir son nid.

Le martinet alpin est beaucoup plus gros que le Martinet noir ; comme lui et à cause de la dimension démesurée de ses ailes, il ne peut prendre son essor du sol.

Nourriture : grand chasseur d'insectes qu'il capture en plein vol de sa large gueule ouverte. Grâce à ses grandes capacités voilières, il parcourt des distances considérables à la recherche de nourriture.

Nidification : nid constitué de brindilles, de graines, de plumes, de papiers happés au vol et agglutinés avec de la salive, abondamment garni de plumes. Il est solidement fixé à une paroi rocheuse verticale surplombant le vide en s'appuyant sur un escarpement. Ponte, début mai, de 3 œufs blancs couvés pendant 20 jours environ. Les jeunes passent près de 2 mois dans leur nid avant de prendre leur envol.

L'HIRONDELLE DE ROCHERS
(Ptyonoprogne rupestris)

Longueur : 16-17 cm ; Poids : 20-22 g ;
Envergure : 34 cm.

A 1000 mètres d'altitude, dans les Pyrénées, sous la corniche supportant l'affût de toile qui me permet d'observer la colonie de vautours fauves installée sur l'autre paroi du canyon, deux petits oiseaux brun gris vont et viennent… Chaque arrivée des oiseaux sous la roche est suivie de piaillements énervés qui trahissent la présence d'une nichée affamée… En France, l'Hirondelle de rochers se reproduit dans les Pyrénées, le sud du Massif central et du Jura, les Alpes (qu'elle habite du nord jusqu'aux falaises du littoral méditerranée) et la Corse.

C'est une visiteuse d'été ; si l'on peut dire, car elle arrive parfois dès fin février ! Elle nous quitte pour ses quartiers d'hiver africains en septembre-octobre, toutefois, certaines Hirondelles de rochers hivernent dans le midi méditerranéen et la Corse.

Nourriture : insectes.

Nidification : niche en colonies lâches dans les anfractuosités, les entrées de grottes de falaises abruptes : nid de terre semblable à celui de l'hirondelle de cheminée, mais un peu plus profond. Ponte, en mai-juin de 4 à 5 œufs, couvées en majeure partie par la femelle. Séjour des jeunes au nid ; 25 jours environ.

LA BERGERONNETTE DES RUISSEAUX
(Motacilla cinerea)

Longueur : 21 cm ; Poids : 20 g ;
Envergure : 29 cm.

La Bergeronnette des ruisseaux porte bien son nom, elle est en effet inféodée aux eaux courantes (torrent de montagne, ruisseau, rivière, cascade…), parsemées de galets ou de rochers qu'elle parcourt inlassablement de ses petits pas menus, balançant sans cesse sa longue queue (on l'appelle aussi «hochequeue»).

Dans les Pyrénées, on l'observe le long des torrents jusqu'à 1800 m d'altitude, souvent en compagnie du Cincle.

La Bergeronnette des ruisseaux est un migrateur partiel. Les oiseaux nichant en montagne semblent en partie sédentaires, descendant en hiver dans les vallées par grand froid.

Pic noir mâle à l'entrée de son nid.

Nourriture : principalement insectes et leurs larves, à l'occasion petits mollusques et crustacés ainsi que de très petits poissons prisonniers dans des flaques.

Nidification : nid installé au bord ou à proximité de l'eau, le plus souvent dans une anfractuosité de rocher, ou sous des racines. Ponte d'avril à juin de 4 à 6 œufs couvés en grande partie par la femelle pendant 12 jours. Les jeunes quittent le nid à l'âge de 13 jours environ.

LE CHOCARD A BEC JAUNE
(Pyrrhocorax graculus)

Longueur : 37 cm ; Poids : 200 g ;
Envergure : 37 cm.

Cent cinquante à deux cents oiseaux noirs évoluent ensemble près du Pic du Midi dans les Pyrénées. Ils forment ce qu'on appelle «un carrousel», où chaque individu, ailes déployées et tendues, plane en spirale, sans effort dans les courants d'air ascendants. Tout à coup, la troupe de Chocards à bec jaune se désagrège et c'est la plongée vertigineuse et bruyante vers la vallée dans de folles acrobaties.

Ce Corvidé, gros comme un pigeon, habite les falaises escarpées, riches en crevasses et en cavernes où il peut se gîter et camoufler son nid. En France, sédentaire, il est abondant dans les Alpes et les Pyrénées.

Nourriture : très diversifiée : insectes, chenilles, mollusques, araignées, vers ; petits rongeurs, baies et fruits... Il fouille aussi les ordures et se délecte des restes de pique-nique des promeneurs...

Nidification : nid installé dans l'anfractuosité d'une falaise abrupte (entre 1500 et 1500 m). Ponte, en mai, de 3 à 5 œufs couvés par la femelle pendant 18 jours. Séjour des jeunes au nid : un peu plus d'un mois.

LE CRAVE A BEC ROUGE
(Pyrrhocorax pyrrhocorax)

Longueur : 35-38 cm ; Poids 290-350 g ;
Envergure : 76-80 cm.

Proche parent du Chocard à bec jaune, le Crave à bec rouge est cependant beaucoup plus rare. Les deux espèces ont en commun une extraordinaire habileté en vol. Elles exécutent les plus folles acrobaties aériennes avec une aisance stupéfiante, semblant prendre un réel plaisir à ces évolutions.

Le Crave à bec rouge affectionne les immenses parois de rochers abruptes, semées de fissures, de crevasses et de cavernes. Il ne niche pas en colonie comme le chocard. Les couples s'isolent franchement de leurs congénères pour construire leurs nids dans des endroits inaccessibles (entre 750 et 2300 m).

Nourriture : (recherchée à terre), nombreux insectes, araignées, petits mollusques, vers, graines à l'occasion.

Nidification : ponte vers la fin avril de 3 à 5 œufs, couvés par la femelle 21 jours durant. Les jeunes reçoivent la becquée de leurs parents en moyenne 25 fois par jour. Ils volent à l'âge de 40 jours.

LE GRAND CORBEAU
(Corvus corax)

Longueur : 60 cm; Poids : 1200 g ;
Envergure : 125 cm.

Des cris bas et rocailleux, *crok, crok, crok*, amplifiés par l'écho, dégringolent la falaise ; une silhouette noire passe puis disparaît derrière la crête...

C'est un Grand corbeau, le plus grand des corvidés, autrefois abondant partout en France ; aujourd'hui il ne trouve plus de refuge qu'en montagne et sur les hautes falaises maritimes de Bretagne (au nord) et du

Martinet alpin (en haut à gauche). Couple d'hirondelles de rochers (en haut à droite). Bergeronnette des ruisseaux (en bas).

Roussillon.

Cet énorme Passereau, aux allures de Rapaces et de la taille d'une buse, ne s'en laisse compter par aucun autre oiseau, sauf peut-être par le Faucon pèlerin, il n'hésite pas à attaquer et à faire fuir l'Aigle royal qu'il a en horreur. Le Grand corbeau est capable de véritables acrobaties aériennes : descentes en piqué ailes fermées, loopings, vrilles, chandelles, vol sur le dos... C'est un régal pour les yeux.

L'ACCENTEUR ALPIN
(Prunella collaris)

Longueur : 17 cm ; Poids : 40 g ; Envergure : 30 cm.

D'un naturel peu farouche, l'Accenteur alpin est facile à observer. Il habite principalement la haute montagne (1500-2500 m), il se reproduit dans des lieux très accidentés comprenant quelques zones d'herbes. En hiver, l'Accenteur alpin migre vers les basses altitudes. Cependant bon nombre d'individus peuvent être observés dans les stations de sports d'hiver où ils se nourrissent de menues miettes et déchets que leur offrent skieurs et

LE CINCLE PLONGEUR
(Cinclus cinclus)

Longueur : 17 cm ; Poids : 50 à 70 g ; Envergure : 30 cm.

Tel un bouchon, le Cincle plongeur surgit de l'eau du torrent pour se poser sur un rocher émergeant. Il observe l'eau quelques instants, puis plonge franchement en s'aidant de ses ailes. Dans l'eau claire et plus calme qui longe la rive je l'aperçois trottinant sur le fond à contre-courant, piquant du bec de droite et de gauche... Il se sert de sa queue comme d'un gouvernail et se penche vers l'avant afin que le courant le plaque au fond. Il sort du torrent aussi sec qu'il y est entré car il prend grand soin de son plumage très serré.

Nourriture : régime omnivore, avec une prédilection pour la nourriture animale, vivante ou morte (il arrive souvent sur les animaux morts avant les vautours).

Nidification : nid installé dans une cavité de falaise ou sur une corniche abritée d'un surplomb. Ponte, parfois dès janvier, de 4 à 6 œufs couvés en majeure partie par la femelle. Séjour des jeunes au nid : 5 à 6 semaines.

randonneurs.

L'Accenteur alpin passe le plus clair de son temps à terre (se perchant rarement sur des arbres).

Nourriture : composée principalement d'insectes et de leurs larves, d'araignées, de vers et de petits mollusques.

Nidification : nid placé dans une crevasse ou une cavité dans les rochers, ou encore sous une pierre dans les éboulis, parfois même sous une motte de terre. Ponte, en juin, de 4 à 5 œufs bleu turquoise, couvés par le couple pendant 15 jours. Les jeunes volent à l'âge de 16 jours environ.

Le Cincle plongeur est sédentaire et très fidèle à son territoire. En France, il habite les torrents de montagne (Pyrénées, Massif Central, Alpes, Jura, Vosges, Corse) et on le rencontre aussi en Bretagne (mont d'Arrée, collines de Normandie).

Nourriture : insectes et larves aquatiques, crustacés, petits mollusques, vers, têtards, sangsues, quelques petits poissons à l'occasion.

Nidification : gros nid de mousse en forme de boule, garni de feuilles sèches, sur une saillie ou un enchevêtrement de racines, sous un pont, une cascade... Ponte, en mars-avril, de 5 œufs blancs, couvés pendant 15 jours par la femelle. Séjour des jeunes au nid : 3 semaines environ.

Chocard à bec jaune (en haut à gauche). Crave à bec rouge (en haut à droite). Grands corbeaux sur un cadavre de mouton (en bas).

LA FAUVETTE MELANOCEPHALE
(Sylvia melanocephala)

Longueur : 13 cm ; Poids : 14-23 g; Envergure : 20 cm

Un petit oiseau gris à calotte noire se faufile habilement dans la végétation dense et touffue du maquis. Donnant sans cesse de sa voix de crécelle (*trretrretrretrretectectectec...*) on peut suivre sa progression à travers les buissons. Soudain, au plus haut du taillis, il apparaît et entonne son chant compliqué (motifs musicaux entrecoupés de sons durs et nasillards). Volontiers sédentaire dans la région méditerranéenne, la Fauvette mélanocéphale est l'oiseau typique du maquis. Sa densité de population au bord de la mer, qu'elle affectionne beaucoup, peut atteindre 2 à 3 couples à l'hectare. La Fauvette mélanocéphale habite l'extrême est des Pyrénées.

Nourriture : insectes, araignées, fruits, graines à l'occasion.

Nidification : nid installé très bas dans un fourré. Ponte, en avril-mai, de 4 œufs couvés par le couple pendant 12 à 14 jours. Les jeunes quittent le nid entre 11 et 13 jours.

LE MERLE BLEU
(Monticola solitarius)

Longueur : 20 cm ; Poids : 65 g ; Envergure : 35 cm.

Le Merle bleu est l'oiseau de la pierre et du soleil par excellence. Il s'accommode des falaises, éboulis, carrières et constructions humaines offrant des infractuosités ou des crevasses où il pourra dissimuler son nid. Dans les Pyrénées, le Merle bleu se reproduit à assez haute altitude (1500 à 2000 m).

A l'ombre, son plumage sombre pourrait le faire prendre pour un Merle noir, il est cependant plus petit, avec une tête plus grosse et une queue plus courte. En revanche, c'est au soleil que l'on appréciera le chatoiement de son plumage bleu foncé à reflets bleu ciel ; toutefois, extrêmement farouche et agité, il ne se laisse pas facilement observer.

Nourriture : insectes, araignées, parfois vers, lézards, baies en automne.

Nidification : nid bien dissimulé dans une anfractuosité de rocher ou de mur, toujours très bien abrité. Ponte en mai de 5 à 6 œufs bleu pâle couvés pendant 13 à 14 jours. Les deux parents nourrissent la nichée qui vole à l'âge de 15 jours environ.

MERLE DE ROCHE
(Monticola saxatilis)

Longueur : 18 cm ; Poids : 64 g ; Envergure : 35 cm.

De par sa physionomie et ses attitudes, le Merle de roche s'apparente plus au Rougequeue qu'au Merle noir de nos campagnes. Cependant, ses mœurs rappellent plutôt celles d'un traquet. Comme lui il chasse les insectes en faisant de grands sauts dans l'herbe ou en marchant, d'autres fois il poursuit en vol quelques papillons. Malgré son plumage très coloré le Merle de roche passe souvent inaperçu dans les milieux rocailleux qu'il affectionne. A la moindre alerte, il sait s'esquiver discrètement, se glissant entre les rochers pour se dissimuler dans quelque crevasse ou amoncellement de pierres.

Le Merle de roche passe l'hiver dans les savanes d'Afrique tropicale. Dans les Pyrénées, on l'observe dans les zones de pierres (parsemées de places d'herbe) bien exposées au soleil, entre 1000 et 2000 m d'altitude.

Nourriture : insectes, vers, mollusques et quelques baies.

Nidification : nid construit par la femelle dans une crevasse de rocher, un trou dans un mur ou sous une touffe d'herbe ou un amas de grosses pierres. Ponte de 4 ou 5 œufs bleu pâle, couvés par la femelle seule pendant 13 jours. Les jeunes nourris par le couple volent à l'âge de 15 jours environ.

Accenteur alpin (en haut à gauche). Cingle plongeur (en haut à droite). Fauvette mélanocéphale mâle au nid (en bas).

LE MERLE A PLASTRON
(Turdus torquatus)

Longueur : 27 cm ; Poids : 110 g ;
Envergure : 42 cm.

Le Merle à plastron est très facile à identifier grâce au large croissant blanc barrant sa poitrine. D'allure, il est très semblable à son proche cousin le Merle noir. Les deux espèces se fréquentent très peu, le Merle à plastron étant de toute façon plus montagnard et moins forestier que son cousin.

Dans les Pyrénées, le Merle à plastron se cantonne en avril dans les forêts lâches des pins à crochets et en lisière supérieure des hêtraies-sapinières entre 800 et 2100 mètres d'altitude. Il hiverne dans les régions montagneuses d'Afrique du Nord.

Nourriture : principalement des lombrics, baies diverses, à l'occasion sauterelles et autres insectes, petits mollusques.

Nidification : nid construit dans un conifère entre 1 et 3 m de hauteur (plus volumineux que celui du Merle noir) à l'aide de terre gâchée, avec des morceaux de bois pourri et des herbes. Ponte de 4 à 5 œufs fin avril début mai couvés par les deux parents 14 jours durant. Les jeunes volent à l'âge de 2 semaines environ.

LE TRAQUET MOTTEUX
(Oenanthe oenanthe))

Longueur : 14 cm ; Poids : 26 g ;
Envergure : 24 cm.

Même à l'arrêt, posé sur un rocher, le Traquet motteux est toujours agité, tel un jouet mécanique, sans cesse il plie et tend ses longues pattes, balançant rapidement le corps de bas en haut, tandis que la queue s'élève en se déployant pour retomber lentement.

Le traquet motteux est un oiseau très farouche, prompt à prendre la fuite à la moindre inquiétude. De son vol au ras du sol, il n'ira pas forcément très loin, se perchant faisant volte-face pour observer l'objet de sa peur.

Dans les Pyrénées, le Traquet motteux arrive à la fin mars de ses quartiers d'hiver africains ; on le rencontre alors entre 900 et 2300 mètres d'altitude dans les sites rocheux bordés de pelouses rases où il cherche sa nourriture.

Nourriture : principalement insectes capturés au sol ou en vol, petits mollusques, myriapodes, araignées... baies parfois.

Nidification : nid presque toujours dissimulé à terre, sous les rochers, dans des tas de bois ou de souches, terrier de lapin etc... Ponte en juin de 5 à 6 œufs bleu pâle couvés par la femelle pendant 14 jours. Les jeunes nourris par le couple volent à l'âge de 16 jours environ.

LA MESANGE HUPPEE
(Parus cristatus)

Longueur : 12 cm ; Poids : 11 g ;
Envergure : 20 cm.

A cause de sa huppe, la Mésange huppée est facile à identifier parmi toutes les autres mésanges sédentaires. Elle se rencontre à peu près partout, en France où poussent les conifères. Dans les Pyrénées, l'espèce est présente jusqu'à 2000 mètres environ. Elle signale sa présence dans les frondaisons par d'incessants petits cris aigus et des roulades vigoureuses.

La mésange huppée n'est pas difficile quant au choix de l'emplacement de son nid, ancien trou de pic ou nid de troglodyte, cavité dans une souche ou un arbre pourri même à découvert, nichoirs artificiels, et parfois même dans une aire volumineuse de rapace (habitée ou non), etc...

Nourriture : insectes, semences et graines de conifères...

Nidification : Ponte, en mai de 5 à 7 œufs, couvés par la femelle pendant 15 jours. Les jeunes nourris par le couple, quittent le nid à l'âge de 3 semaines.

Merle bleu mâle (en haut à gauche). Merle de roche mâle (en haut à droite). Merle à plastron mâle (en bas à gauche). Traquet motteux mâle (bas à droite).

LA MESANGE NOIRE
(Parus ater)

Longueur : 11 cm ; Poids : 10 g ;
Envergure : 30 cm.

Il est un peuple de petits oiseaux qui anime les sombres forêts de conifères de leurs cris et de leurs va et vient incessants. Roitelets, mésanges huppées et mésanges noires (les plus abondantes) mènent une ronde endiablée de sapin en sapin, recherchant leur nourriture dans des positions très acrobatiques. Peu farouche et indifférente à la présence humaine, elle se laisse observer tout à loisir mais il n'est pas toujours aisé de la suivre avec des jumelles... Dans les Pyrénées, elle se reproduit jusqu'à 2000 mètres d'altitude, principalement dans les forêts de conifères.

Nourriture : divers insectes, araignées, semences de conifères et autres graines d'arbres...

Nidification : nid installé dans un trou d'arbre, mais aussi à terre dans la moindre cavité, sous des racines, entre des pierres, dans un vieux terrier... Ponte, en mai, de 8 à 10 œufs couvés par la femelle quinze jours durant. Les jeunes nourris par les deux parents quittent le nid âgés de 2 semaines environ.

LA SITELLE TORCHEPOT
(Sitta europaea)

Longueur : 20-25 g ; Poids : 13 cm ;
Envergure : 26 cm.

Bien plus agile que les pics, la Sitelle est une véritable acrobate capable d'escalader et de descendre les arbres en «courant», dans tous les sens et même la tête en bas !

Sur de longues distances son vol est onduleux, mais le plus souvent elle vole brièvement d'arbre en arbre. La Sitelle torchepot est sédentaire ; des observations ont montré qu'elle ne s'éloignait guère en hiver, de plus d'un kilomètre de l'arbre où elle a niché. En France, la Sitelle torchepot est bien répandue, sauf dans la région méditérranéenne. Dans les Pyrénées elle est commune jusqu'à 1500 m d'altitude. Elle niche habituellement dans des trous d'arbre mais parfois elle adopte des cavités dans les rochers.

Nourriture : insectes de toutes espèces, graines d'arbres, glands, noisettes, baies, etc...

Nidification : nid installé dans un ancien nid de pic ou un trou dans les rochers dont elle maçonne l'entrée à sa taille. Ponte, fin avril ou en mai de 7 à 8 œufs couvés par la femelle 15 jours durant, séjour des jeunes au nid : environ 25 jours.

LE TICHODROME ECHELETTE
(Tichodroma muraria)

Longueur : 13 cm ; Poids : 18 g ;
Envergure : 26 cm.

Si le Tichodrome échelette est un oiseau peu farouche, en revanche il n'est pas facile à observer en raison de sa grande mobilité. Avec un peu de chance, lorsqu'il prend son essor dans un vol papillonnant, on aura le plaisir d'admirer le déploiement de ses ailes rouge carmin.

Grâce à son bec long et fin, le Tichodrome recherche sa nourriture dans les fissures et interstices des rochers. Son domaine est constitué de hautes falaises abruptes entre 1400 et 2000 mètres dans les Pyrénées. Cette espèce est plutôt sédentaire, toutefois certains individus font preuve d'un erratisme assez prononcé qui les conduit parfois à plus de 200 kms de leur lieu d'origine.

Nourriture : petits insectes (surtout leurs œufs et leurs larves), araignées et petits mollusques.

Mésange huppée à l'entrée de son nid (en haut à gauche). Mésange noire (en haut à droite). Sitelle torchepot (en bas).

Nidification : nid construit au fond d'une faille ou d'une crevasse dans les rochers, souvent à très grande hauteur. Ponte fin mai début juin de 3 à 5 œufs couvés pendant une vingtaine de jours par la femelle. Les jeunes quittent le nid à l'âge de 3 semaines.

LE GRIMPEREAU DES BOIS
(Certhia familiaris)

Longueur : 12 cm ; Poids : 9 g ; Envergure : 19 cm.

Très difficile à différencier de son proche cousin des jardins si ce n'est par son chant, le Grimpereau des bois est un oiseau forestier et plutôt montagnard. Dans les Pyrénées, il habite les forêts de conifères (parfois mêlées de hêtres) entre 800 et 1800 mètres d'altitude.

Peu farouche mais débordant d'activité, le Grimpereau des bois passe facilement inaperçu dans son milieu. Les Grimpereaux recherchent leur nourriture en grimpant avec agilité le long des troncs d'arbre pour en inspecter, de leur bec fin et arqué, les moindres interstices et crevasses. Sédentaire le Grimpereau des bois se mêle aux troupes de mésanges et de roitelets qui hantent les forêts de conifères en hiver.

Nourriture : insectes, araignées, cloportes, myriapodes, petits mollusques...

Nidification : nid installé dans un trou d'arbre ou sous une écorce soulevée. Ponte en avril-mai de 5 à 7 œufs couvés pendant 15 jours par la femelle. Les jeunes volent à l'âge de 17 jours environ.

LE TARIN DES AULNES
(Carduelis spinus)

Longueur : 11 cm ; Poids : 13 g ; Envergure : 21 cm.

En automne et en hiver, c'est dans les lieux où pousse l'aulne que l'on a le plus de chances d'observer les Tarins des aulnes. Ce sont alors des oiseaux des forêts septentrionales de l'Europe qui voyagent vers le sud à la recherche de nourriture. cet erratisme à grande distance les mène parfois jusque dans le nord-ouest de l'Afrique.

En période de nidification, le Tarin des aulnes est un oiseau rare partout en France. Sa nidification dans les Pyrénées est probable sans pour autant avoir été démontrée. Cependant, les contacts avec l'espèce sont réguliers au printemps entre 1000 et 1900 mètres d'altitude dans les forêts de conifères.

Nourriture : graines d'aulne, de bouleau, d'orme et de conifères, quelques insectes au printemps.

Nidification : la femelle construit un petit nid à la coupe profonde, bien camouflé à l'extrémité d'une branche latérale de conifère. Ponte en mars-avril de 3 à 5 œufs couvés par la femelle pendant une douzaine de jours. Les jeunes volent à l'âge de 2 semaines.

LE BECCROISE DES SAPINS
(Loxia curvirostra)

Longueur : 16 cm ; Poids : 32 à 35 g ; Envergure : 28 cm.

La mandibule inférieure se croisant avec la mandibule supérieure ! Passons-les tous «en revue»... Cette particularité leur est commune ! Nous sommes en présence d'une bande mixte de Beccroisés des sapins ; les femelles sont verdâtres, tandis que les mâles sont rouge brique plus ou moins intense. Le Beccroisé est merveilleusement adapté à l'extraction des graines contenues dans les cônes de conifères (épicéa en particulier) ; sa répartition géographique est donc circonscrite, pour notre pays, aux grandes forêts de conifères en montagne (Pyrénées, Massif Central, Alpes, Jura, Vosges, Corse). Cette espèce est erratique.

Trichochrome échelette (en haut à gauche). Grimpereau des bois à l'entrée de son nid (en haut à droite). Tarin des aulnes femelle (en bas à gauche). Beccroisé des sapins femelle (en bas à droite).

Nourriture : graines de conifères, baies, graines diverses, bourgeons ; insectes à l'occasion...

Nidification : gros nid installé, à très grande hauteur (15 à 30 m) protégé par une branche. Ponte, en février-mars, de 3 à 4 œufs verdâtres, couvés par la femelle pendant 14 à 16 jours. Séjour des jeunes au nid : 15 à 18 jours.

LA NIVEROLLE DES ALPES
(Montifringilla nivalis)

Longueur : 15-16 cm ; Poids : 35-44 g ; Envergure : 33 cm.

La Niverolle des Alpes est le seul passereau qui vit toute l'année entre 2000 et 3500 m d'altitude. Même au cœur de l'hiver, quand les intempéries l'empêchent de s'alimenter, il est extrêmement rare qu'elle descende en-dessous de 1000 m ; elle préfère chercher provende près des villages de haute montagne ou des stations de ski, où elle trouve toujours quelques choses à grapiller.

Très sociable, la Niverolle ou Pinson des neiges, s'assemble en troupes de 20 à 100 individus qui vagabondent en haute montagne dans les zones dégagées de neige (pelouses, ravines, crêtes, escarpements...) de l'été jusqu'au printemps. La Niverolle des Alpes, sédentaire, habite les Alpes et les Pyrénées.

Nourriture : se nourrit au sol : graines, baies, jeunes pousses, boutons de plantes, insectes...

Nidification : nid dans une cavité de rocher ou dans des constructions (cabanes, étables, maisons...). Ponte, en mai-juin, de 4 à 5 œufs blancs, couvés pendant 13 ou 14 jours par la femelle. Séjour des jeunes au nid : 3 semaines environ.

ROITELET HUPPE
(Regulus regulus)

Longueur : 8-10 cm ; Poids : 5-6 g ; Envergure : 15 cm.

Avec un poids de 4 à 6 grammes, les Roitelets, huppé et triple bandeau, sont les plus petits oiseaux d'Europe. Les deux espèces ne sont pas faciles à différencier, pour ce faire il faut observer leur tête ; le huppé a le front brun, une huppe jaune et une tache orange à l'arrière (tache absente chez la femelle) le tout encadré de deux bandes noires ; le triple bandeau a le front roux, une huppe orange vif (jaune orangé chez la femelle), des sourcils blancs soulignés d'un bandeau noir. Ces deux espèces, aux mœurs assez semblables cohabitent parfois et ont la même attirance pour les conifères, que ce soit en forêts, en bosquets ou dans les parcs. C'est en montagne, jusqu'à 2000 m, que le Roitelet huppé est le plus abondant.

Nourriture : Les roitelets se nourrissent d'araignées et d'insectes qu'ils recherchent d'arbre en arbre de leur vol papillonnant.

Nidification : nid en forme de berceau, suspendu par des anses sous une branche de conifère (fait de toiles d'araignées, de mousse et de plumes). Ponte, en avril-mai, de 7 à 10 œufs jaunâtres piquetés de brun, couvés par la femelle pendant 2 semaines. Séjour des jeunes au nid : 3 semaines (2 nichées successives).

Niverolle (en haut). Roitelet huppé (en bas).

CREDIT PHOTOGRAPHIQUE :

Je tiens à remercier chaleureusement tous les amis photographes naturalistes et illustrateurs qui ont mis à ma disposition bon nombre de documents photographiques, souvent très rares, illustrant cet ouvrage.

CHEFSON Patrick : p. 16 ; p. 23 (H.D.).
CHETAIL Isabelle : p. 14 (B.D.) ; p.25 (H.D. et B.G.)
CHRISTOF Alain : p. 4 (H) ; p. 6 (B.G.) ; p. 10 (B.G.) ; p. 21 (B).
COSTES Alain : p.27 (H.D.).
LABAT Alain : p. 12 (H) ; p. 27 (B.G.).
MAHLINGER Bernard : p. 10 (B.D.) ; p. 26 (H.G.) ; p. 31 (H).
MAUXION A. : p. 8 (H.D.) ; p. 21 (H.D.) ; p. 23 (H.G.)
PETIT Pierre : p. 8 (B.D.) ; p. 25 (H.G.) ; p. 27 (H.G.).
PERROTTET Jean-François : p. 31 (B).
RIBETTE Michel : p. 27 (B.D.) ; p. 29 (H.D.).
SOULAS Jean-Jacques : p. 19 (B).
TERRASSE Jean-François et Michel : p. 8 (B.G.).

INDEX

Le premier chiffre entre parenthèses correspond au texte de description de l'oiseau, le second (italique) indique l'emplacement de sa photo.

En 1ère de couverture : Vautours fauves.
En 4ème de couverture : Lagopède alpin.

© Copyright 1990 - Editions SUD-OUEST. Ce livre a été imprimé chez Raynard à la Guerche de Bretagne 35 - France. La photocomposition a été réalisée par CS Rogé à Bordeaux - 33. Mise en page du studio des Editions Sud-Ouest à Bordeaux. Photogravure couleur de Bretagne Photogravure à Bruz - 35. Pelliculé par DCP à Château-Gonthier - 53.
ISBN 2.9059.8364.0 — Editeur 070.01.08.04.90.